Benjamin Weiß

Geschäftsprozesssimulation mit der Software "Arena": Di
Universität Karlsruhe

GRIN - Verlag für akademische Texte

Der GRIN Verlag mit Sitz in München hat sich seit der Gründung im Jahr 1998 auf die Veröffentlichung akademischer Texte spezialisiert.

Die Verlagswebseite www.grin.com ist für Studenten, Hochschullehrer und andere Akademiker die ideale Plattform, ihre Fachtexte, Studienarbeiten, Abschlussarbeiten oder Dissertationen einem breiten Publikum zu präsentieren.

Dokument Nr. V68024 aus dem GRIN Verlagsprogramm

Benjamin Weiß

Geschäftsprozesssimulation mit der Software "Arena": Die Essensausgabe in der Mensa der Universität Karlsruhe

GRIN Verlag

Bibliografische Information der Deutschen Nationalbibliothek: Die Deutsche Bibliothek
verzeichnet diese Publikation in der Deutschen Nationalbibliografie; detaillierte bibliografische Daten sind im Internet über http://dnb.d-nb.de/ abrufbar.

1. Auflage 2006
Copyright © 2006 GRIN Verlag
http://www.grin.com/
Druck und Bindung: Books on Demand GmbH, Norderstedt Germany
ISBN 978-3-638-72169-1

Fallstudie

Simulation Mensa-Prozess mit der Software Arena in Bezug auf die neue Hochschulmensa Karlsruhe

Benjamin Weiß

Hochschule Karlsruhe – Wirtschaft und Technik
Institut für Angewandte Forschung
Werkstatt Unternehmenssoftware Karlsruhe

Abstract

Im Rahmen dieser Fallstudie soll der zukünftige Ablauf des Mensa-Prozesses „Essensausgabe" simuliert werden, um Aussagen über mögliche Schwachstellen im geplanten Prozess der neuen Mensa ableiten zu können.
Die Simulation erfolgt hierbei unter Zuhilfenahme des Softwarewerkzeugs „Arena 9.0".

Keywords

Geschäftsprozesssimulation
Arena
Mensa

Goals

Schwachstellenanalyse Mensa-Prozess „Essensausgabe"
Verbesserung der Abläufe im Mensa-Prozess „Essensausgabe"
Bessere Ausnutzung der Kapazitäten

Inhaltsverzeichnis

Teil I   Einleitung

Im Rahmen des WUSKAR-Projekts (Werkstatt Unternehmenssoftware Karlsruhe), wird eine Studienarbeit erstellt, deren Inhalt der Ist-Zustand des Mensa-Prozesses „Essensausgabe" ist. Die Simulation erfolgt hierbei unter Zuhilfenahme des Softwarewerkzeugs „Arena 9.0".

1   Motivation

Jeden Tag bilden sich in den Mensas der Hochschulen lange Wartenschlagen aus, da die Studierenden auf ihr Essen warten müssen. Über diese Tatsache wurde im Spiegel Online ein Bericht mit dem Titel „Intelligenter Schlange stehen" veröffentlicht. In diesem Artikel wurden die „ewigen" Warteschlangen in der Mensa in Bremen beschrieben. Diese Mensa wurde ursprünglich für 6000 Besucher angelegt, muss aber täglich mittlerweile um die 8000 hungriger Mäuler stopfen [...]. Das bedeutet nicht nur Stress für alle Beteiligten, sonder auch enorme finanzielle Einbusen für den Mensabetreiber, weil mehr als ein Drittel der Studenten im Warteschlangenchaos auf Beilagen und Getränke verzichtet. [UniSPIEGEL 2005]

Das Problem der langen Warteschlangen und der Stress herrscht aber auch in der alten Mensa der HS Karlsruhe. Es soll im Rahmen dieser Arbeit zunächst der Ist-Zustand der alten Mensa analysiert werden, um Schwachstellen aufzudecken und diese in den neuen Mensa-Prozessen zu vermeiden. Die neue Mensa der HS Karlsruhe wird voraussichtlich im Jahr 2007 eröffnet.

Die Neugestaltung der Prozesse soll auch einen Teil dieser Arbeit beinhalten. Hierbei werden mögliche Lösungsansätze für die Prozessgestaltung in der neuen Mensa von der HS-Karlsruhe ermittelt. Da es in der Realwelt noch gar nicht möglich wäre, die ermittelten Lösungsansätze zu testen, werden diese ebenfalls im Simulator „Arena 9.0" abgebildet und auf Effektivität und Effizienz hin untersucht um im Jahre 2007 eventuell zum Einsatz zu kommen.

Teil II   Die Software Arena

1   Kurzbeschreibung der Software Arena

Bei der Software Arena handelt es sich um eine Simulationssoftware die aus dem Hause Rockwell stammt. Arena ist bereits in der Version 9.0 verfügbar, die auch in dieser Fallstudie als Softwarewerkzeug eingesetzt wird. Die Software „Arena 9.0" ist ein mächtiges Simulationsprogramm und bietet im Vergleich zu anderer Simulationssoftware eine animierte Allround-Simulation. Mit der Software Arena lassen sich originale Realwelt Vorgänge auf ein Simulationsmodell im Rechner abbilden. Mit diesem Modell können dann anders als in der realen Welt Experimente durchgeführt werden, ohne dass es zu irgendwelchen Kostenschäden bzw. Produktionsausfällen kommt.

Arena geht bei der Simulationsdurchführung nach dem prozessorientierten Ansatz vor, d.h. Komponenten führen Aktionen durch, wodurch sich das System verändert. Andere Programme simulieren ereignisorientiert, d.h. Ereignisse verändern das System.

Anwendungsgebiete für Arena sind z.b. Entwurf und Analyse von Herstellungssystemen, Ermitteln der Hard- und Softwareanforderungen für ein Computersystem, Analyse von Finanz- und Wirtschaftssystemen oder die Ermittlung des optimalen Aufbaus von Servicesystemen, wie z.B. der Mensa-Prozess.

Zum Aufbau des Mensa-Simulationsmodells sind bei Arena 5 grundsätzliche Schritte notwendig gewesen:

- Aufbau eines Grundmodells, das aus Arena Modulen besteht, per „drag&drop" (z.B. eine Warteschlange mit einem Bediener).
- Einstellen und hinzufügen von Parametern und Daten (z.B. Bedienzeiten) durch doppelklicken auf die Module.
- Simulieren des Modells und Überprüfung, wie gut das Modell das reale System (z.B. alten Mensa Prozess) modelliert.
- Analyse der Simulationsergebnisse
- Änderung des Modells bzw. der Parameter, um mehr über das mögliche Verhalten des realen Systems herauszufinden und um die Effizienz und Effektivität des Systems zu ermitteln.

1.1 Das „Create-Flowchart"-Modul mit Schedule

Jede Prozesskette in Arena beginnt mit einem Create-Modul. Dieses Modul, stellt die Schnittstelle zu den weiteren Modulen dar, wie z.B. dem Prozess-Modul. Im Create-Modul werden die Starteinstellungen definiert (z.B. feste Anzahl und der Intervall, der ankommenden Studenten in die Warteschlange).

Abb. 1: Create-Modul

Aufgrund von den Erhebungsbögen, die für diese Arbeit angefertigt wurden, kann von einer fest definierten Anzahl von ankommenden Studenten nicht ausgegangen werden. Durch die unterschiedlichen Zeitintervalle, in denen die Messungen durchgeführt wurden, variierte diese Anzahl. Die Simulation soll geplant nach dem aufgenommenen Realzeitschema erfolgen, indem der Prozess in Echtzeit abgebildet wird. Für diesen Fall stellt die Simulationssoftware „Arena 9.0" einen speziellen Eingangstyp zur Verfügung. Dieser Typ nennt sich Schedule (1) und beinhaltet einen Zeitplan (2) der später noch definiert werden muss.

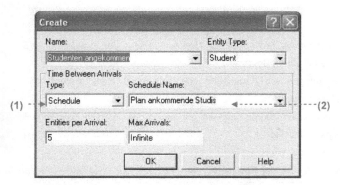

Abb. 2: Einstellungsparameter für Create-Modul

WUSKAR

Um den Eingangstyp Schedule überhaupt verwenden zu können, müssen die „Time Patterns" definiert werden. Time Patterns sind die Ablaufpläne (Ablaufmuster) mit den Eingangsgrößen (1), die zu einer bestimmten Zeit erfolgen sollen. Diese können in der Benutzerleiste unter Edit → Calendar Schedules eingestellt werden.

Unter (2) findet sich der Namen des erstellten Plans wieder nach dem der Ablauf generiert werden soll. Man kann in diesem Konfigurationsmenü noch die Ablaufdauer (3), sowie die Art der Eingangsgrößen (4) und welche Art von Wert (5) diese besitzen sollen definierten.

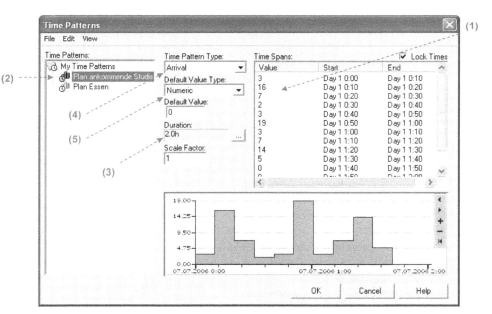

Abb. 3: Einstellungsparameter für Time Patterns

Für den Simulationsaufbau der Gut & Günstig Essensausgabe und der dazugehörigen Warteschlange wurden zwei Ablaufpläne benötigt, um die beiden Prozesse real abzubilden.

1.2 Das „Match-Flowchart"-Modul

Damit eine Zusammenführung zwischen zwei unterschiedlichen Prozessen erfolgen kann, wird ein Match-Modul benötigt. Dieses Modul hat die Aufgabe bei der Simulation den Gut & Günstig Essensausgabe Prozess mit dem Warteschlangenprozess zu koppeln. Die beiden Prozesse werden gematcht (miteinander verbunden) sobald die Essensausgabe erfolgt und der bereitstehende Studierende aus der Warteschlange das Essen abnimmt.

Damit die Aufnahme eines Match-Moduls in die Prozesskette möglich ist, muss das zusätzliche Standard-Attachment „AdvancedProcess.tpo" zu den Funktionen miteingebunden werden.

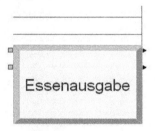

Abb. 4: Match-Modul

Das Match-Modul wartet jeweils auf die Ergebnisse, aus den einlaufenden Prozessen und stellt hierfür Warteschlangen bereit. Je nach Einstellung können das 2 bis max. 5 eingehenden Prozesse mit der entsprechenden Anzahl an Warteschlangen sein (1).

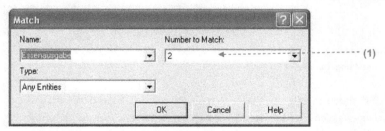

Abb. 5: Konfigurationsmöglichkeiten im Match-Modul

Das in dieser Arbeit verwendete Match-Modul beinhaltet 2 Warteschlagen, d.h. es wird auf ein Ergebnis aus der Essensausgabe gewartet, sowie auf einen ankommenden Studierenden. Sobald die Ergebnisse in den Warteschlangen des Match-Moduls vorhanden sind, gibt das Match-Modul beide Ergebnisse frei und wertet den Prozess Essensabgabe an den Studierenden als einen abgeschlossenen Prozess.

Teil III   Simulation des Ist-Zustand „Essensausgabe"

1   Beschreibung des alten Mensa-Prozesses

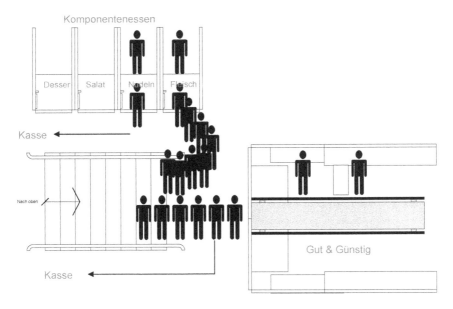

Abb. 6: Warteschlangensituation in alter Mensa

Um in die alte Mensa der HS Karlsruhe zu gelangen, kommen die Studierenden eine Treppe hinauf. Nachdem die Studierenden das Ende der Treppe erreicht haben, müssen sich die Studierenden für das Essen entscheiden. Je nach Essenswahl können sich die Studierenden an der Gut & Günstig Essensausgabe aufreihen oder am Komponentenessen. Zu bestimmten Uhrzeiten (siehe Datenerhebungsbogen) kann es auch vorkommen, dass sich Warteschlangen bis zur Treppe hinunter entwickeln und noch länger. Dabei sind zu Stoßzeiten Warteminuten von bis zu maximal 45 Minuten möglich.

Nachdem dem Erreichen der Gut & Günstig Essenausgabe hat der Studierende keine weiteren Wahlmöglichkeiten mehr. Er erhält ein zusammen gestelltes Essen, das von zwei Küchenkräften zusammen gerichtet wird. Dieses Essen besteht aus einer Hauptkomponente, sowie einem Salat und in Abwechslung kann eine Suppe bzw. ein Dessert dazu gereicht werden. Nach dem Erhalt des Essens geht der Studierende an die Kasse und bezahlt. Eine weitere Essenswahlmöglichkeit die sich dem Gast zur Auswahl stellt, ist das Komponentenessen. Nach dem Erreichen der Komponentenessenstheke hat der Studierende die Auswahl zwischen zwei Hauptkomponenten. Diese können z.B. Hähnchenkeule oder Tortellini sein. Nach dem Erhalt kann der Gast zur nächsten Theke gehen und erneut eine Auswahl treffen. Dort angekommen wählt er die Beilage aus und erhält z.B. Nudeln oder Reis. Im weiteren Vorgehen kann sich der Studierende an einer weiteren Theke für einen Salat und an einer nochmals darauf folgenden Theke für ein Dessert entscheiden. Nachdem der Studierende alle seine Komponenten zusammengestellt hat, geht er zur Kasse und bezahlt sein Essen.

Durch den Geschäftsprozess Kasse schließt der Studierende seine Essenswahl ab und beendet damit den Mensa-Prozess „Essensausgabe". Der Gast kann zum Bezahlen seines Essens zwischen zwei Kassen eine Auswahl treffen, wo er bezahlen möchte. Der Bezahlvorgang an der Kasse stellt einen Prozess da, der für den Studierenden bzw. den zahlenden Kunden erneut eine gewisse Zeit in Anspruch nimmt. Je nach Uhrzeit und dem Studierenden-Aufkommen können sich an der Kasse erneut lange Warteschlangen ausbilden. Damit diese vom Kassenpersonal abgebaut werden können wird wieder eine gewisse Zeit in Anspruch genommen.

2 Vor-Ort-Erhebung

Ein wichtiger Bestandteil für die genaue, sowie originalgetreue Nachmodellierung des Ist-Zustand Mensa-Prozesses „Essensausgabe" stellt die Vor-Ort-Erhebung, sowie das Mengengerüst dar. Anhand der Erhebungsbögen und des Mengengerüsts kann eine Hochrechnung erfolgen. Diese ist notwendig, da die Vor-Ort-Erhebung während des Klausurzeitraumes stattgefunden hat und daher nicht der Realität wie während des Semesters entspricht. Nach der Hochrechnung kann der Mensa-Prozess in der Simulationssoftware Arena 9.0 abgebildet werden.

Über einen Zeitraum von einer Woche vom 06.07.2006 bis 12.07.2006 wurden die genauen Prozessabläufe analysiert (s. Appendix Erhebungsbögen). Dabei wurden jeden Tag in der Zeit zwischen 12.00 Uhr und 14.00 Uhr alle 10 Minuten folgende Abläufe untersucht:

1. Wie viele Studierende zu welchem Zeitpunkt in welcher Schlange stehen
2. Wie lange die Dauer zum Wegnehmen eines Menüs dauert
3. Wie viele Essen pro Minute bei Gut & Günstig ausgegeben werden können
4. Durchschnittliche Wartezeiten pro Studierendem in der entsprechenden Warteschlange
5. Wie viel Zeit pro Mitarbeiterin für die Zusammenstellung des Gut & Günstig Essens benötigt wird
6. Wie viel Zeit verbringt der Studierende an einer Theke bis er die von ihm gewünschte Komponente erhält

Durch die Auswertung der Erhebungsbögen, lassen sich folgende Schlussfolgerungen ableiten.

- Die täglich entstehenden Warteschlangen an der Gut & Günstig Theke bzw. am Komponentenessen hängen stark davon ab, welches Essen es wo gibt, und was die Studierenden bevorzugen. Man kann innerhalb dieser Woche sehr gut sehen, dass der Geschmack der Studierenden von den Allgäuer Käsespätzle bzw. den Chicken Crossis mit Cocktailsoße angesprochen wurde. Im Gegensatz dazu kommen die Rinderrouladen bzw. der Bauernschmaus nicht so sehr bei den Studierenden an.

- Eine weitere Beobachtung, die aus der Vor-Ort-Erhebung ersichtlich ist, ist dass die Warteschlangen immer nur zu bestimmten Zeiten extrem anwachsen. Dabei konnte festgestellt werden, dass die Stoßzeiten in der Mensa zwischen 12.00 Uhr bis 12.30 Uhr und nochmals zwischen 13.00 Uhr bis 13.30 Uhr liegen.

- Da die Vor-Ort-Erhebung während der Klausurzeit stattfand und in dieser Zeit die Mensa nicht voll ausgelastet ist, waren auch die Wartezeiten in den Schlangen noch im Rahmen des Üblichen. Bei der Gut & Günstig Warteschlange, musste kein Studierender länger als 1 Minute 17 Sekunden bzw. in der Warteschlange für das Komponentenessen länger als 5 Minuten 19 Sekunden anstehen und auf das Essen warten.

- Ebenfalls ein wichtiger Aspekt, den man aus der Erhebung erkennen kann, ist die Dauer, die das Küchenpersonal für die Zusammenstellung des Gut & Günstig Essens benötigt. Je nach dem welche Komponenten zusammengestellt werden müssen, kann es bei Bauernschmaus 2-3 Sekunden pro Mitarbeiterin andauern und bei Spaghetti Napoli 8-12 Sekunden. Von diesen Werten wiederum ist die Wartezeit in der Schlange abhängig und wie lange es für den Abbau dieser Warteschlange in Anspruch nimmt.

- Ein weiterer Faktor der zum Abbau der Warteschlange beiträgt ist die Wegnahmedauer eines Studierenden von seinem Tablett. Vor der Erhebung ist der Mensabetreiber von einer durchschnittlichen Wegnahmedauer von ca. 1 Minute ausgegangen. Dieser Wert wurde bei der Vor-Ort-Erhebung deutlich widerlegt, denn die Dauer beschränkt sich auf 3-6 Sekunden, damit der nächste Studierende nachrücken kann.

- Durch die Analyse der Erhebungsbögen lassen sich auch Rückschlüsse auf die Vollauslastung des Küchenpersonals an der Gut & Günstig Theke ziehen. Dabei kann festgestellt werden, dass es dem Personal nicht möglich ist, innerhalb von einer Minute mehr als 12 Essen zusammenzustellen. Vorraussetzung muss jedoch dabei sein, dass es keines großen Aufwands bedarf. Der Regelfall für das Personal liegt bei 9 Essen pro Minute.

- Während der Erhebung stellte sich auch heraus, dass die Studierenden nicht in Form eines konstanten Streams bzw. immer nur alleine ankommen, sondern eher in unregelmäßigen Pulks. Diese Pulks bewegen sich oft in einer Größe zwischen 3 bis max. 7 Studierende. Für die Simulation in Arena wäre die Wahl des Mittelweges der Menge ideal geeignet. Dafür könnte man einen Pulk der aus 5 Studierende besteht als ankommende Personengruppe annehmen.

3 Hochrechnung vom Klausurzeitraum auf Hochsession

Wie im vorherigen Abschnitt erwähnt wurde, fand die Vor-Ort-Erhebung während der Klausurzeit satt. In diesen Tagen ist die Mensa ziemlich schwach durch Studierende besucht und daher bieten die Erhebungsergebnisse keinen realen Bezug zur Hochsession. Aus diesem Grund muss anhand des Mengengerüsts (s. Appendix Mengengerüst) eine Hochrechnung für die Simulation des Ist-Zustandes erfolgen, in der die Mensagäste während des Klausurzeitraums auf die Hochsession hochgerechnet werden.

Um einen Bezug von der Erhebung auf das Mengengerüst herstellen zu können wird ein Studierendenfaktor ermittelt.

Dieser Faktor ergibt sich aus:

$$Studierendenfaktor = \frac{Gesamtzahl\_an\_Mensabesucher\_lt.\_Mengengerüst}{Gesamtzahl\_an\_Mensabesucher\_lt.\_Erhebungsbogen}$$

Der Studierendenfaktor wird mit den ermittelten Mensabesuchern im Erhebungsbogen multipliziert (hochgerechnet). Durch diese Hochrechnung erhält man einen annähernden Wert von Studierenden, die die Mensa während der Hochsession besucht haben. Diese Hochrechnung wird für das Gut & Günstig Essen, sowie für das Komponentenessen durchgeführt. Des Weiteren muss beim Komponentenessen noch die Anzahl an Studierenden ermittelt werden, die sich für einen Salat bzw. Dessert oder beides entscheiden.

Um diese Werte ermitteln zu können, muss auf die Erfahrungswerte des Mensabetreibers zurückgegriffen werden.

Die Informationen des Mensabetreibers ergaben:

- Während der Hochsession wird für das Gut & Günstig Essen immer mit 600 Komponenten geplant. Diese sind z.B. 600 Desserts, 600 Salatteller und 600 Portionen an Sättigungsbeilage und Hauptkomponente. Zu den beliebtesten Essen gehören Schnitzel mit Pommes Frites und Salat, Currywurst, Lasagne und Maultaschen

- Für das Komponentenessen wird während der Hochsession folgendermaßen geplant:
  - ➢ Von insgesamt 500 Desserts werden ca. 200 - 250 Stück von den Studierenden verzehrt.
  - ➢ Von insgesamt 1000 Salaten werden ca. 400 Stück von den Studierenden verzehrt.

Für die Hochrechnungen an Studierenden in der Mensa wurde anhand des Mengengerüsts der 08.11.2005 für das Komponentenessen, sowie für das Gut & Günstig Essen ausgewählt. An diesem Tag kann man feststellen im Vergleich zu den anderen Tagen, dass hier die Mensa am stärksten besucht wurde. Für die Studierendenzahlen lt. Erhebungsbogen, wurde der 11.07.2006 ausgewählt. Der Grund für die Auswahl beruht darauf, dass beide Tage auf den Wochentag Dienstag fallen.

Hochrechnung für das Komponentenessen:

Hochrechnung für Komponentenessen

529 Studierende in der Hochsession lt. Tagesabschluss vom 08.11.2005
54 Studierende im Klausurzeitraum lt. Vor-Ort-Erhebung vom 11.07.2006

Faktor 9,8

	Menge an Personen in Warteschlange		Menge an Personen (Hochssesion) entscheiden sich für	
Uhrzeit	Klausurzeitraum	Hochsession	Dessert	Salat
12:00	0	0	0	0
12:10	7	69	34	27
12:20	4	39	20	16
12:30	16	157	78	63
12:40	6	59	29	24
12:50	13	127	64	51
13:00	2	20	10	8
13:10	6	59	29	24
13:20	0	0	0	0
13:30	0	0	0	0
13:40	1	10	5	4
13:50	4	39	20	16
14:00	0	0	0	0
	59	578	289	231

Abb. 7: Hochrechnung der Mensagäste beim Komponentenessen vom 08.11.2005

Die Menge an Personen die sich für ein Dessert bzw. für einen Salat entscheiden wurde anhand der Erfahrungswerte des Mensabetreibers ermittelt.

Für die Ermittlung der Menge an Desserts wurde die folgende Formel verwendet:

500 Desserts $\rightarrow$ 100 %
250 Desserts $\rightarrow$ X %

$$x = \frac{100 * 250}{500} \qquad \rightarrow \qquad \textbf{50 \%}$$

Anhand dieses Ergebnisses kann man darauf schließen, dass sich 50% aller Mensagäste beim Komponentenessen für ein Dessert entscheiden.

Für die Ermittlung der Menge an Salat wurde die folgende Formel verwendet:

500 Salate $\rightarrow$ 100 %
200 Salate $\rightarrow$ X %

$$x = \frac{100 * 200}{500} \qquad \rightarrow \qquad \textbf{40 \%}$$

Anhand dieses Ergebnisses kann man darauf schließen, dass sich 40% aller Mensagäste beim Komponentenessen für einen Salat entscheiden.

Aus dem Mengengerüst bzw. aus einem Berechnungsverfahren kann nicht ermittelt werden, wie viele der Mensagäste sich für Salat und Dessert gleichzeitig entscheiden. Um diesen Wert in Erfahrung zu bringen, müsste eine erneute Erhebung durchgeführt werden. Darin müssten explizit die Studierenden auf Ihre Essensvorlieben hin beobachtet werden.

Hochrechnung für das Gut & Günstig Essen:

Hochrechnung für Gut&Günstig

749 Studierende in der Hochsession lt. Tagesabschluss vom 08.11.2005
60 Studierende im Klausurzeitraum lt. Vor-Ort-Erhebung vom 11.07.2006

Faktor	12,5	
	Menge an Personen in Warteschlange	
Uhrzeit	**Klausurzeitraum**	**Hochsession**
12:00	15	187
12:10	12	150
12:20	4	50
12:30	14	175
12:40	2	25
12:50	0	0
13:00	4	50
13:10	0	0
13:20	6	75
13:30	2	25
13:40	1	12
13:50	0	0
14:00	0	0
	60	**749**

Abb. 8: Hochrechnung der Mensagäste von Gut & Günstig vom 08.11.2005

Weiterhin biete die Mensa der HS Karlsruhe noch so genannte Pfannen- bzw. WOK - Gerichte an. Für diese Gerichte entscheiden sich nach den Erfahrungswerten ca. 1/5 aller Mensabesucher für die WOK - Gerichte, sowie 1/4 der Mensagäste für die Pfannengerichte.

4   Simulation des Ist-Zustand „Gut & Günstig"

Anhand der Hochrechnung, die im vorherigen Abschnitt beschrieben wurde kann das Simulationsmodell unter Zuhilfenahme des Softwarewerkzeugs Arena 9.0 erfolgen.

Nach der Modellierung des Softwaremodells für die Simulation wird zunächst der Scheduler mit den Zeitabschnitten beginnend von 12:00 Uhr bis 14:00 Uhr und den dazugehörigen Besucherzahlen der Hochsession initialisiert (Konfigurationsmethode s. Abschnitt 2.1)

4.1 Der Aufbau des Gut & Günstig Simulationsmodells

Das Modell verfügt über zwei Create-Module (1) *Tablett* und *Studenten angekommen*. Das Modul *Tablett* startet die Prozesskette der Komponentenzusammenstellung für das Gut & Günstig Essen und reicht einen roten Token an die Prozessmodule (2) weiter (s. Abb. 10). In den Prozessmodulen *Essen richten_Person1* und *Essen richten Person2* erfolgt die Zusammenstellung der Essenskomponenten durch die Mitarbeiterinnen. Hierbei sind unterschiedlich lange Bearbeitungszeiten zu beobachten, je nachdem, welche Essenskomponenten auf das Tablett gerichtet werden muss. Nach kompletter Zusammenstellung des Essens (roter Token) wird dieses an das Matchmodul (3) *Essensausgabe* weitergereicht und wartet in einer Warteschlange auf ankommende Studenten (s. Abb. 10) die das Essen abnehmen.

Das Create-Modul (1) *Student angekommen* gibt ankommende Studierende frei (dargestellt durch Männchen), die direkt in das Matchmodul laufen und sich in der Warteschlange aufreihen, um ihr Tablett abzugreifen.

Simulationsprozess Gut & Günstig mit Hochrechnung vom Di, 11.07.2006

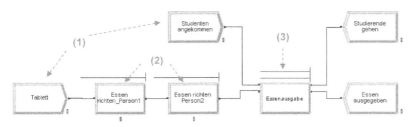

Abb. 9: Basisaufbau des Gut & Günstig Simulationsprozesses

Simulationsprozess Gut & Günstig mit Hochrechnung vom Di, 11.07.2006

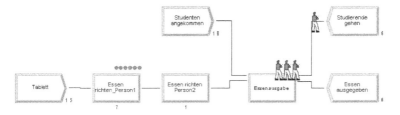

Abb. 10: Ablauf des Gut & Günstig Simulationsprozesses

Wie sich bei der Vor-Ort-Erhebung herauskristallisiert hat, dauert der Bestückungszustand der Tabletts von den Küchenkräften unterschiedlich lange, abhängig von den Essenskomponenten. Dabei kommt es im Prozessmodul Essen richten Person2 (s. Abb. 10) immer wieder zu kurzen Stauungen, die aber behoben werden können. Diese Stauungen resultieren aus der länger andauernden Bestückungszeit, die die Mitarbeiterin2 benötigt. Der Prozess, der im Matchmodul zustande kommt, stellt in der Realwelt die Wegnahme eines komplett bestückten Tabletts mit allen Essenskomponenten von der Theke dar. Hierbei muss der Studierende auch so lange an der Theke warte, bis das Förderband das Tablett zu ihm transportiert hat damit er das Tablett abgreifen kann. Der Abgreifvorgang dauert in der Regel zwischen 3-5 Sekunden. Jedoch kann bei der Simulation beobachtet werden, dass sich bei der Essenausgabe lange Warteschlangen an Studierenden ausprägen. Der Grund hierfür liegt darin begründet, dass immer nur ein Studierender, jeweils nur ein Tablett abgreifen kann (s. Abb. 11). Wie in der unteren Abbildung zu sehen ist, sind bereits 245 Studierende in der Mensa eingetroffen und davon wurden bis zum augenblicklichen Zeitpunkt 164 Gäste mit Essen versorgt. Daraus resultiert, dass im Moment noch 81 hungrige Gäste in der Warteschlange auf ihr Essen warten müssen.

Simulationsprozess Gut & Günstig mit Hochrechnung vom Di, 11.07.2006

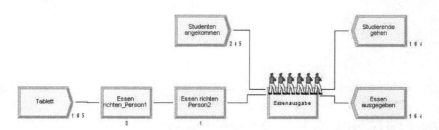

Abb. 11: Ausprägung der Warteschlangensituation bei der Essensausgabe

Bei der Simulation wird davon ausgegangen, dass immer genügend Essen vorhanden sind und keine Engpässe auftreten können. Des Weiteren ist beim Verlassen der Warteschlange *Essensausgabe* zu beobachten, dass das Essen vom Studierenden wieder getrennt wird. Dieser Vorgang entspricht nicht dem Ablauf in der Realwelt, wird aber von der Software Arena so gefordert. Dieser Ablauf muss in Arena so modelliert werden, da zwei Create-Module vorhanden sind, die unterschiedlichen Input liefern. Im Matchmodul wird geprüft, ob beide Inputs vorhanden sind und wenn ja wird dies als **ein abgeschlossener Prozess** gewertet. Die Tokens verlassen auf unterschiedlichen Wegen das Matchmodul und laufen in die entsprechenden Dispose-Module. Dabei werden die Prozessketten, die zuvor durch die

Create-Module *Tablett* und *Studenten angekommen* eröffnet wurden, wieder ordnungsgemäß beenden. Durch den Einbau eines Matchmoduls fällt auf, dass der Modellprozess in Arena absolut nicht sequentiell abläuft, da ständig darauf gewartet wird bis die Warteschlangen im Matchmodul gefüllt werden. Dies erfolgt beim Simulationsstart dadurch, dass wie im Create-Modul konfiguriert zunächst 5 Studierende die Warteschlange betreten. Dieser Wert wurde bei der Vor-Ort-Erhebung beobachtet. Anschließend werden 12 Tabletts gerichtet und es kommen erneut 5 Studierende in die Warteschlange, die dann aber abgearbeitet werden können durch das Vorhandensein der Gut & Günstig Essen. Bei der Befüllung der Warteschlangen wird jedoch die Ablaufzeit für das Simulationsmodell gestoppt und erst bei einem weiteren Bearbeitungsschritt weiterlaufen gelassen. Diese Zeitunterbrechungen sind abhängig von den Schedule-Plänen *Plan ankommende Studis* und *Plan Essen*, die im Scheduler hinterlegt sind, damit der exakte Wert an ankommenden Studierenden zu einem bestimmten Zeitpunkt simuliert werden kann. Im Scheduler wurden Zeitabstände von 10 Minuten definiert und damit kann kein sequentieller Ablauf zustande kommen. Ein möglichst sequentieller Ablauf könnte dadurch modelliert werden, indem die Zeitabstände so klein wie überhaupt möglich definiert werden.

Des Weiteren tritt bei einer Warteschlange von 150 Entitäten ein Fehler auf. Dieser vermeintliche Fehler rührt aber nicht daher, dass während der Simulation ein Fehler in der Modellierung gemacht wurde, sondern dass es sich beim Softwarewerkzeug Arena 9.0 um eine Demoversion handelt. (s. Teil V)

5   Simulation des Ist-Zustand „Komponentenessen"

Durch die Hochrechnung für das Komponentenessen (s. Abb. 7) kann eine Erstellung des Simulationsmodells erfolgen.

Hierbei wird erneut, wie schon im vorherigen Abschnitt beschrieben wurde der Scheduler mit den Zeitabschnitten beginnend von 12:00 Uhr bis 14:00 Uhr und den dazugehörigen Besucherzahlen der Hochsession initialisiert (Konfigurationsmethode s. Abschnitt 2.1).

5.1   Der Aufbau des Simulationsmodells vom Komponentenessen

Das Simulationsmodell beginnt, mit einem Create-Modul, das mit dem Eingangstype Schedule initialisiert wird. Dadurch kann gewährleistet werden, dass die Studenten in bestimmten Zeitintervallen in die Mensa kommen. Diese Zeitintervalle wurden bei der Vor-Ort-Erhebung analysiert und anhand des Mengengerüsts hochgerechnet, um ein Simulationsmodell in der Hochsession abbilden zu können.

Die Studierenden wurden wie schon bei dem Simulationsmodell von Gut & Günstig wieder als Männchen dargestellt. Bei diesem Modell ist ein Create-Modul ausreichend, da der Mensagast seine Komponenten selbst auswählen kann und nicht auf ein fertig zusammengestelltes Tablett warten muss. Daher wurden die einzelnen Komponenten als Prozesse abgebildet. Am Anfang des Modells ist auffällig, dass der Gast gleich zwei Prozesse hintereinander durchläuft (1). Dabei wurde vorausgesetzt, dass jeder Mensagast zu seinem Fleischgericht oder vegetarischen Gericht immer eine Sättigungsbeilage mit auswählt (z.B. Nudeln oder Reis).

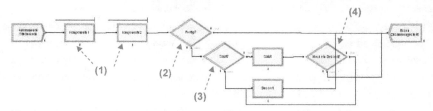

Abb. 12: Basisaufbau des Modells vom Komponentenessen

Sobald der Gast diese beiden Komponenten nach einer gewissen Bearbeitungszeit (s. Appendix Erhebungsbögen) vom Mensapersonal erhalten hat, trifft er seine erste Wahl (2) in einem Entscheidungsmodul. Dabei hat der Mensagast die Möglichkeit noch weitere Komponenten zu wählen oder den Vorgang zu beenden. Möchte der Gast noch eine Salatkomponente haben (3) durchläuft er erneut einen Entscheidungsprozess indem er sich für den Salat entscheidet. Anschließend erfolgt ein Bearbeitungsprozess *Salat* mit einer gewissen Bearbeitungsdauer. Diese Bearbeitungsdauer setzt sich zusammen aus der Entscheidung für den Salat und die Wegnahmezeit, die zum Herausnehmen aus der Theke vom Gast benötigt wird. Nach dem Bearbeitungsprozess *Salat* kann der Kunde den Prozess beenden oder erneut eine Dessertkomponente in einem weiteren Entscheidungsmodul (4) auswählen. Entscheidet sich der Mensagast gegen eine zusätzliche Dessertkomponente so ist danach der Prozess abgeschlossen und er gelangt in das Disposemodul mit dem der Prozess beendet wird.

Entscheidet sich der Gast bei dem Entscheidungsmodul (3) gegen den Salat und für ein Dessert oder beim Entscheidungsmodul (4) noch für ein zusätzliches Dessert, so gelangt er direkt in den Bearbeitungsprozess *Dessert*. Die Bearbeitungszeit für den Prozess *Dessert* dauert etwas länger als die Bearbeitungszeit *Salat*. Der Bearbeitungsprozess *Dessert* dauert dahingehen länger, da der Gast eine Auswahl zwischen 4 Desserts treffen muss und nicht

wie beim Salat nur einen Salat auswählen kann. Der Bearbeitungsprozess *Dessert* enthält die Entscheidungszeit und die Dauer die zur Wegnahme benötigt wird. Die Bearbeitungsdauer geht aus den Erhebungsbögen hervor.

Nach dem Bearbeitungsprozess *Dessert* wird der Prozess abgeschlossen und er gelangt in das Disposemodul, wodurch der Prozess beendet wird.

Auffällig beim Simulationsprozess des Komponentenessens ist, dass sich gleich zu Beginn im Bearbeitungsprozess *Komponente1* eine sehr lange Warteschlange ausbildet (s. Abb. 13).

Simulationsprozess Komponente

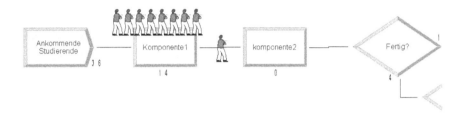

Abb. 13: Ablauf der Warteschlange bei Komponenten1

Diese Warteschlange baut sich dadurch auf, dass die Bearbeitungszeit für die Komponente1 (z.B. Fleischgericht bzw. vegetarisches Gericht) zu langsam erfolgt und die Mensamitarbeiterin die den Prozess bearbeitet, überlastet ist. Die darauf folgenden Bearbeitungsprozesse sind nicht oder nur sehr schwach ausgelastet, was zur Folge hat, dass sich hier keine weiteren Warteschlangen mehr aufbauen werden. Diese würden nur entstehen, wenn ein darauf folgender Prozess auf Prozess *Komponente1* eine noch längere Bearbeitungszeit aufweisen würde. Dies konnte bei der Vor-Ort-Erhebung (s. Appendix Erhebungsbögen) nicht festgestellt werden. Des Weiteren tritt bei einer Warteschlange von 150 Entitäten ein Fehler auf. Dieser vermeintliche Fehler rührt aber nicht daher, dass während der Simulation ein Fehler in der Modellierung gemacht wurde, sondern dass es sich beim Softwarewerkzeug Arena 9.0 um eine Demoversion handelt. (s. Teil V)

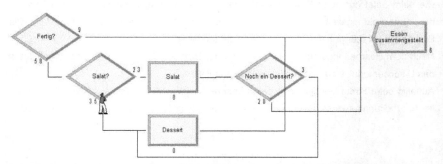

Abb. 14: Entscheidungsmodule für Salat oder Dessert beim Komponentenessen

Nach dem der Gast sein Hauptessen zusammengestellt hat kann er eine Auswahltreffen (s. Abb. 14). Diese Prozesse der Entscheidungsfindung, wie sie auf Seite 22 erklärt werden bekommen für den Ablauf in der Prozessgestaltung der neuen Mensa der HS Karlsruhe große Bedeutung. Am wichtigsten für die Gestaltung wird der Bearbeitungsprozess *Dessert* sein, denn in diesem Prozess findet eine Auswahl an unterschiedlichen Komponenten statt. Der Gast benötigt für die Entscheidungsfindung wesentlich mehr Zeit, wie wenn er sich nur zwischen gleichen Komponenten entscheiden muss, wie es bei der Salattheke der Fall ist.

Teil IV   Simulation des Soll-Zustand „Komponentenzusammenstellung" in der neuen Mensa der HS Karlsruhe

1   Beschreibung des neuen Mensa-Prozesses

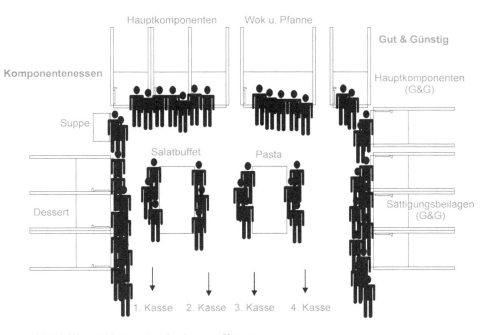

Abb. 15: Warteschlangensituation in neuer Mensa

In der neuen Mensa der HS Karlsruhe können sich die Studierenden in zwei Warteschlangen einreihen, nach dem sie ihre Essenswahl getroffen haben. Die Essensauswahl wird der Mensagast künftig anhand von Monitoren ablesen können, die sich an den Zugängen der Mensa befinden werden. Die linke Warteschlange führt zum „Komponentenessen" und die rechte zum „Gut & Günstig" Essen (s. Abb. 15). Von den Essensmodellen, wie sie aus der alten Mensa bekannt sind bleiben zwar die Namen und Essenskomponenten erhalten, jedoch basiert der Erhalt des Essens auf einer selbstständigen Komponentenzusammenstellung des Gastes. Diese wurde im kleinen Rahmen schon in der alten Mensa durchgeführt. Hier fand man diese beim Komponentenessen, wenn es um die Wahl eines zusätzlichen Salates bzw. Desserts handelte (s. Abb. 14). Der Gast bekommt beim Gut & Günstig Essen nicht mehr ein Tablett von zwei Küchenkräften mit allen Komponenten zusammengestellt, sondern er muss beim Durchlaufen der Warteschlange die

Essenskomponenten selbst auf sein Tablett stellen, die er haben möchte. Die Entnahme der Komponenten erfolgt dabei aus sog. Front Cooking [1] Theken. Diese werden bei unterschreiten eines Mindestbestandes von den Küchenkräften auf der Rückseite nachgefüllt. Der gleiche Ablauf wird auch beim Komponentenessen durchgeführt. Somit entfallen die vier Küchenkräfte die in der alten Mensa damit beschäftigt waren die Tabletts mit den Essensportionen zu bestücken (s. Abb. 6)

Des Weiteren bleiben die Wok - und Pfannengerichte, als auch die Pastatheke erhalten an denen sich der Studierende, wie schon aus den alten Mensaabläufen bekannt, selbst bedienen kann.

Eine Neuerung stellt das Salatbuffet dar, das in der neuen Mensa genutzt werden kann. Durch dieses Buffet werden beim Komponentenessen keine fertig zusammengestellten Salate mehr gereicht, sondern der Gast kann sich selbst seinen Salat zusammenstellen den er haben möchte. Dabei wird zu beachten sein, dass es hier zu einer Warteschlangenentwicklung kommen kann, da die Zusammenstellung wesentlich länger andauert als die Auswahl zwischen gleichen Salattellern.

Durch den Geschäftsprozess Kasse schließt der Studierende seine Essenswahl ab und beendet damit den Mensa-Prozess „Komponentenzusammenstellung". Der Gast kann zum Bezahlen seines Essens zwischen vier Kassen eine Auswahl treffen, wo er bezahlen möchte. An den Kassen 1 und 4 wird dem Gast der Bezahlvorgang mittels Bargeld ermöglicht. Bei den Kassen 2 und 3 kann der Gast ausschließlich mit seiner Chipkarte bezahlen. Der Bezahlvorgang an der Kasse stellt einen Prozess da, der für den Studierenden bzw. den zahlenden Kunden erneut eine gewisse Zeit in Anspruch nimmt. Je nach Uhrzeit und dem Studierenden-Aufkommen können sich an der Kasse erneut lange Warteschlangen ausprägen. Damit diese vom Kassenpersonal abgebaut werden können wird wieder eine gewisse Zeit in Anspruch genommen.

2 Simulation des Soll-Zustand in der neuen Mensa-Prozesses

Auf Grundlage der Hochrechnung die im Kapitel 5 durchgeführt wurden und den erhaltenen Informationen des Mensabetreibers, kann in diesem Kapitel eine zukünftige Verteilungsrechnung der Gäste für die neue Mensa ermittelt werden. Aus dieser Verteilungsrechnung werden die Essensvorlieben der Mensagäste hervorgehen. Auf Basis der Verteilungsrechnung kann im weiteren Verlauf das Simulationsmodell der neuen Mensa angefertigt werden. Das Simulationsmodell wird wieder unter Zuhilfenahme des Softwarewerkzeugs Arena 9.0 modelliert.

2.1 Verteilungsrechnung der Essensvorlieben von Mensagästen

Aus den Informationen des Mensabetreibers (Kapitel 5) ging hervor, dass 1/5 der Gäste das WOK – Gericht und 1/4 der Gäste das Pfannengericht bevorzugen. Da das Essen in der zukünftigen Mensa nur noch aus Komponenten besteht, wird bei der Verteilungsrechnung davon ausgegangen, dass sich möglicherweise 1% aller Gäste nur für eine Suppe, einen Salat oder ein Getränk entscheiden wird. Die restlichen Mensagäste werden auf das „Komponentenessen" bzw. das „Gut & Günstig" Essen umgelegt. Da keine Informationen über das Pastabuffet vorliegen, wird dieses bei der Simulation nicht betrachtet.

Die Gesamtanzahl der Gäste wird anhand der Hochrechnungen aus Kapitel 5 bezogen. Diese ergibt sich aus 578 Komponentenessen und 749 Gut & Günstig Essen. Dadurch kann eine gesamt Gästeanzahl von 1327 festgestellt werden. Um diese Zahl für den Soll-Zustand der neuen Mensa nutzen zu können, wird nicht in Betracht gezogen, dass sich bei den Hochrechnungen die Gäste nur für das Komponentenessen bzw. das Gut & Günstig Essen entschieden haben.

2.1.1 Verteilungsrechnung:

Gesamtgästeanzahl: 1327 Gäste

WOK-Gerichte:	1/5 aller Gäste	entspricht	20 %
Pfannen-Gerichte:	1/4 aller Gäste	entspricht	25 %
Gäste die sich lediglich für Salat, Dessert o. Getränk entscheiden			1 %
Gesamt			46 % → 611 Gästen

Nach diesem Zwischenergebnis zufolge werden sich dann 716 Gäste (→ 54% von der Gesamtgästezahl) für das Komponentenessen bzw. Gut & Günstig Essen entscheiden.

Der Anteil an Komponentenessen vom Ist-Zustand lt. Hochrechnung:

$$1327 \text{ Gäste} \quad \rightarrow \quad 100\ \%$$
$$578 \text{ Gäste} \quad \rightarrow \quad X\ \%$$
$$x = \frac{100 * 578}{1327} \quad \rightarrow \quad 43\ \%$$

Der Anteil an Gut & Günstig Essen vom Ist-Zustand lt. Hochrechnung:

$$1327 \text{ Gäste} \quad \rightarrow \quad 100\,\%$$

$$749 \text{ Gäste} \quad \rightarrow \quad X\,\%$$

$$x = \frac{100 * 749}{1327} \quad \rightarrow \quad 57\,\%$$

Um den prozentualen Anteil der 716 Gäste ermitteln zu können werden folgende Berechnungen durchgeführt:

100% alle Gäste $\rightarrow$ 54 %

43% Gäste die Komponentenessen bevorzugen $\rightarrow$ X^1 %

57% Gäste die Gut & Günstig Essen bevorzugen $\rightarrow$ X^2 %

$$x^1 = \frac{54 * 43}{100} \quad \rightarrow \quad 23\,\%$$

$$x^2 = \frac{54 * 57}{100} \quad \rightarrow \quad 31\,\%$$

Gesamt   54 % $\rightarrow$ 716 Gästen

Daraus ergibt sich die folgende Tabelle für das Entscheidungsmodul *Was will der Student*

Nur Salat, Dessert oder Getränk	1 %
Komponentenessen	23%
WOK - Gericht	20 %
Gut & Günstig	31 %
Pfannengericht	25 %

Abb. 16: Tabelle mit Essensvorlieben der Gäste in der neuer Mensa

Für das Komponentenessen wird erneut ein Entscheidungsmodul *Welches Komponentenessen* benötigt. Der prozentuale Anteil des Komponentenessens in Höhe von 23% wird zu gleichen Teilen auf Essen1, Essen2 und vegetarisches Essen umgelegt.

Essen1	8 % → 35 %
Essen2	7 % → 30 %
Vegetarisches Gericht	8 % → 35 %

Abb. 17: Tabelle mit prozentualer Verteilung der Komponentenessen

2.2   Der Aufbau des Simulationsmodells der neuen Mensa

Das Simulationsmodell beginnt, mit einem Create-Modul *Ankunft* (1), das mit dem Eingangstype Schedule initialisiert wird. Dadurch kann gewährleistet werden, dass die Studenten in bestimmten Zeitintervallen in die Mensa kommen. Diese Zeitintervalle wurden bei der Vor-Ort-Erhebung analysiert und anhand des Mengengerüsts hochgerechnet, um ein Simulationsmodell in der Hochsession abbilden zu können. Für das Simulationsmodell der neuen Mensa wurden die ankommenden Gäste vom Gut & Günstig Essen zu den bestimmten Zeitintervallen mit den Gästen des Komponentenessens in den gleichen Zeitintervallen addiert, um auf die Gesamtsumme von 1327 zu gelangen.

Die Studierenden wurden wie schon in den vorherigen Simulationsmodellen erneut als Männchen dargestellt. Bei diesem Modell ist ein Create-Modul ausreichend, da der Mensagast seine Komponenten selbst auswählen kann.

Des Weitern folgt ein Entscheidungsmodul *Was will der Student* (2). Hierin entscheidet sich der Mensagast in was für eine Schlange er sich einreihen will. Er hat die Auswahl zwischen dem Komponentenessen, Gut & Günstig, WOK - Gericht oder Pfannengericht. Weiterhin besteht noch die Möglichkeit, dass sich der Gast gegen alle vorher genannten Essen entscheidet und sich lediglich einen Salat, ein Dessert, eine Suppe oder ein Getränk holen möchte. Die Prozentzahlen, wie sich die Gäste am Wahrscheinlichsten entscheiden werden können aus der Tabelle Abb. 16 entnommen werden.

Entscheidet sich der Mensagast für ein Komponentenessen, so muss er erneut eine Auswahl im Entscheidungsmodul *Welches Komponentenessen* (3) treffen. Die Prozentzahlen für diese Auswahl, können aus der Tabelle Abb. 17 entnommen werden.

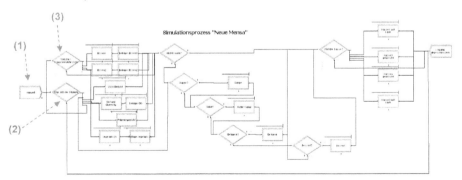

Abb. 18: Das Simulationsmodell der neuen Mensa

Nach dem der Gast seine Auswahl getroffen hat folgen je nach Essensauswahl (4) zwei aufeinander folgende Bearbeitungsprozesse bzw. nur einer. Zwei Bearbeitungsprozesse

werden benötigt, wenn eine Hauptessenskomponente gewählt wurde, zu der noch eine Sättigungsbeilage dazugehört z.B. Schnitzel mit Pommes Frites. Bei WOK - Gerichten oder Pfannengerichten ist dies nicht notwendig, da das Essen schon komplett zum Verzehr angerichtet ist.

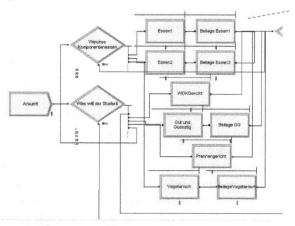

Abb. 19: Die Essensauswahl der Hauptkomponenten

Nachdem der Mensagast sein Hauptessen bekommen hat, kann er erneut eine Auswahl im Entscheidungsmodul *nichts mehr?* (5) treffen. Hierbei wählt der Gast aus, ob er noch weitere Komponenten, wie Suppe, Salat, Dessert oder ein Getränk haben möchte oder ob er seinen Komponentenauswahlprozess beenden will und zur Kasse geht.

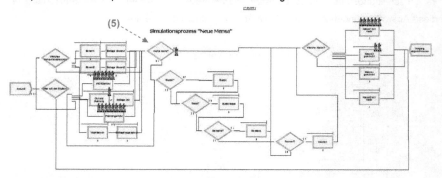

Abb. 20: Die Komponentenauswahl wird weitergeführt oder beendet

Trifft der Gast die Entscheidung für weitere Komponenten, so gelangt er in einen erneuten Entscheidungsbaum. Hierin muss sich der Gast für eine Suppe, Salat, Getränk oder ein

Dessert entscheiden, damit er den Entscheidungsbaum wieder verlassen und zur Kasse gehen kann (s. Abb. 21)

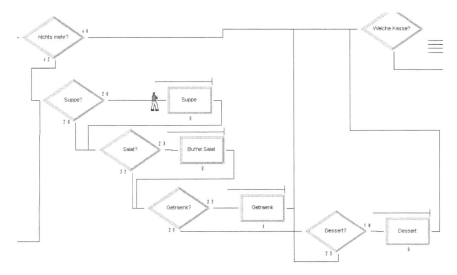

Abb. 21: Der Entscheidungsbaum

Die Wahrscheinlichkeit für Zugang in den Entscheidungsbaum wurde auf 50 % festgelegt, da keine reellen Zahlen vorliegen. Auch im Entscheidungsbaum selbst kann nicht genau definiert werden wir hoch die Prozentzahlen seien könnten und deshalb wurde hier ebenfalls der Wahrscheinlichkeitswert von 50% angenommen.

Nach dem der Kunde sich für keine weiter Komponente entschlossen oder den Entscheidungsbaum (s. Abb. 21) durchlaufen hat kommt er zum Entscheidungsmodul *Welche Kasse?* (6). Hierbei kann sich der Gast zwischen vier Kassen entscheiden. Die Entscheidung wird jedoch dadurch eingeschränkt, dass an Kasse 1 und 2 nur mit Chipkarte bezahlt werden kann. Verfügt der Gast über keine Chipkarte oder ist diese leer, so hat er die Möglichkeit an Kasse 3 und 4 zu bezahlen. An diesen Kassen wird die Chipkarte als auch Bargeld akzeptiert.

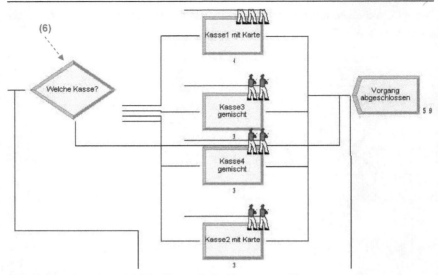

Abb. 22: Entscheidungsmodul der Kasse mit der Kassenauswahl

Jeder Studierende verfügt über eine Chipkarte (Studierendenausweis), daher wurden die Wahrscheinlichkeitswerte zur Kassenwahl jeweils auf 20% für Kasse 1 und 2 festgelegt. Für die Kasse 3 und 4 wurden Wahrscheinlichkeitswerte von 30% gewählt, da hier zusätzlich zum Zahlungsverkehr mit Chipkarte noch eine Bezahlungsalternative mit Bargeld möglich ist. Diese Alternative wird von den Studierenden noch zu sehr in Anspruch genommen. Um diese Alternative einzuschränken gibt es Überlegungen seitens des Studentenwerkes, ob nicht auf die Bezahlung mit Bargeld ein Aufschlag erhoben werden soll. Im Gegensatz dazu werden die Chipkartenzahler belohnt, in dem sie einen Abschlag auf ihren zu zahlenden Rechnungsbetrag erhalten.

3   Schwachstellen im neuen Mensa-Prozesses

Im modellierten Simulationsprozess der neuen Mensa kann man während der Simulation beobachten, dass es zu einer erheblichen Warteschlangenbildung am WOK - Gericht, Pfannengericht, sowie beim Gut & Günstig Essen kommt (s. Abb. 22). Dies liegt darin begründet, dass diese Essen bei den Mensagästen sehr beliebt sind (s. Abb. 16) und sich daraufhin die meisten Gäste bei diesen Essen anstellen. Beim Komponentenessen, das auch sehr gut bei den Gästen ankommt reguliert sich die Warteschlangensituation. Der Grund hierfür ist, dass sich die 23% der Mensagäste, welche sich für das

Komponentenessen entscheiden nochmals auf drei verschiedene Warteschlangen verteilen (s. Abb. 17), die sich jeweils vor den Front Cooking Theken ausbilden werden.

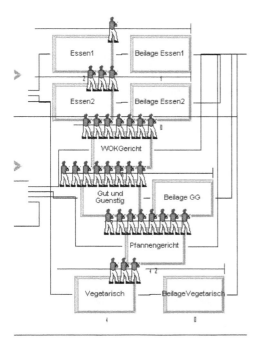

Abb. 23: Warteschlangenbildung in der neuen Mensa

Des Weiteren tritt bei einer Warteschlange von 150 Entitäten ein Fehler auf. Dieser vermeintliche Fehler rührt aber nicht daher, dass während der Simulation ein Fehler in der Modellierung gemacht wurde, sondern dass es sich beim Softwarewerkzeug Arena 9.0 um eine Demoversion handelt. (s. Teil V)

Die größte Schwachstelle der neuen Mensa der HS Karlsruhe wird eine Kneul-Bildung in Mitten der Essenstheken sein. Jedoch kann diese mit dem Softwarewerkzeug Arena nicht abgebildete werden, da diese Software nur synchrone Abläufe zulässt.

Ein fast geordneter Ablauf wird wahrscheinlich noch wie in Abb. 22 zu sehen ist gewährleistet werden können, wenn sich die Gäste in die Hauptwarteschlagen einreihen. Jedoch sobald die Mensagäste sich für weitere Komponenten entscheiden wird es zu einer

Kneul-Bildung und damit zu einem Chaos unter den Kunden führen. Denn wie in Abb. 23 zu sehen ist, müssen die Gäste nach der Zusammenstellung ihrer Hauptkomponenten, die Wege mit anderen Gästen die z.B. am Pastabuffet oder an der Kasse anstehen kreuzen, damit sie zum Salatbuffet überhaupt vordringen können (s. Männchen rot Abb.23). Das gleiche müssen auch Gäste mitmachen, die sich für ein Gut & Günstig Essen entschieden haben und noch eine Salat oder Dessert, das im Menü enthalten ist holen wollen. Diese Gäste müssen die Warteschlange der Kunden, die an den Kassen anstehen und den Gästen, die am Komponentenessen anstehen völlig durchkreuzen (s. Männchen blau Abb.23). Nachdem die Mensagäste dann ihr Dessert bzw. den Salat geholt haben, beginnt der Kreuzungsvorgang erneut, damit sie sich an den Kassen anstellen können.

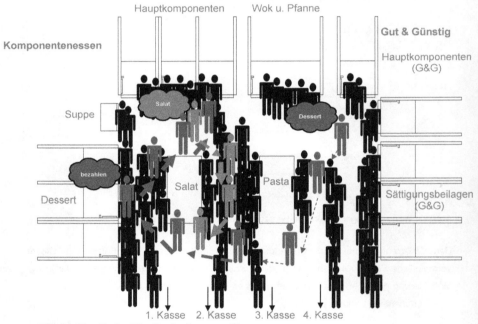

Abb. 24: Chaotische Situation in der neuen Mensa

4 Optimierung im neuen Mensa-Prozesses durch Front Cooking

Im neuen Mensaprozess ist man völlig von den Küchenkräften abgekommen, die den Mensagästen das Essen auf das Tablett richten. Vielmehr werde diese nun damit beschäftigt sein, die Front Cooking Theken von der Rückseite her mit Essenskomponenten zu versorgen, damit diese nicht leer werden können. Für diesen Vorgang wird aller

Wahrscheinlichkeit nach die Zeit benötigt, die die Küchenkräfte bei der Vor-Ort-Erhebung beim zusammenstellen der Tabletts bei Gut & Günstig benötigt haben.

Wie die Firma RAPS auf Ihrer Homepage mitteilt, sei das Front Cooking der neuste Trend in Kantinen und vor allem läge hierin das größte Potential an Effizienz und Effektivität.

In dem Bericht ist zu lesen

„Frisch zubereitete Gerichte sind heute und werden auch in Zukunft das Nonplusultra in der Gastronomie sein. Gleichzeitig müssen in der heutigen Marktsituation aber auch Wirtschaftlichkeit und Effizienz berücksichtigt werden.

Aus dieser Perspektive heraus ist der Einsatz von Convenience unvermeidlich. Vorgefertigte Lebensmittel bewähren sich schon jetzt tagtäglich im Kücheneinsatz und bieten eine große Bandbreite von der klassischen Vorbereitung für die Küche bis hin zum servierfertigen Gericht. Es gibt dabei zwei wichtige Tendenzen, die in Zukunft unsere Branche bestimmen:

68% **der Caterer werden weiterhin die klassische Frischküche umsetzen**

82% **der Küchen wollen verstärkt in Front-Cooking investieren**

Convenience mit Kochkompetenz scheint also die Lösung zu sein. Besonders das Front-Cooking stellt allerdings gewisse Anforderungen an die Fähigkeiten des Personals. [...].

Ohne Struktur, Organisation und Standardisierung geht heute so gut wie nichts mehr. Genau deshalb beziehen viele erfolgreiche Gastro-Konzepte diese Bestandteile und Überlegungen mit ein. Je genauer die Ausarbeitung und Konzeption, desto größer der Erfolg, was sich in der Wirtschaftlichkeit, der Imagepflege bzw. der Positionierung für den Betrieb herauskristallisiert.

Viele Front-Küchen wurden in den letzten Jahren geplant und eingebaut. Doch wie sieht es damit jetzt aus? Warum sind nur noch wenige von ihnen aktiv in Betrieb? Was steckt dahinter, dass die verkaufsfördernde und kundenorientierte Wirkung von Front-Cooking nicht genutzt wird?

Verantwortlich dafür kann ein fehlendes bzw. nicht 100% ausgereiftes Konzept sein.

Wer sich viel mit konzeptioneller Arbeit beschäftigt, weiß, dass hier viele verschiedene Aspekte eine Rolle spielen und berücksichtigt werden müssen. Auf der einen Seite sind da z. B. Fragen zu Geräteauswahl, Ablufttechnik, Leistungsfähigkeit, Energieversorgung und Kapazitätsfrage. Auf der anderen Seite geht es um Arbeitsprozesse und Logistik: Schlagworte sind hier Sortimentsbreite, Fertigungstiefe, Mise en place, Portionierung, Standardisierung, Kalkulation und Abrechnungssysteme.

Über all dem steht jedoch ein ganz anderer Qualitätsfaktor: Der »Showkoch«! Er kann nur erfolgreich sein, wenn er sich auf seine Gäste konzentrieren kann, stets hygienisch arbeitet und seine Gäste mit echter Freundlichkeit, Witz und Charme begeistert.

Das ist »Front-Cooking mit allen Sinnen«– der Gast riecht, fühlt, sieht, hört und schmeckt.

Was liegt also in dieser „Arena der Sinne" näher, als der Einsatz von Kräutern und Gewürzen, z. B. in einer duftenden Curry-Gemüse-Sprossen-Pfanne – verfeinert mit frischen Garnelen? Oder in einem mediterranen Kräuter-Risotto?

Die Gäste werden über solche Düfte »angelockt«, dann über das Zusehen begeistert und verweilen schließlich beim Verkosten der Gerichte.

Ein elementarer Bestandteil eines erfolgreichen Front-Cooking Konzepts ist die Fertigungstiefe mit Zubereitungszeit und der Kommunikation mit dem Gast. Übrigens können die Gäste über Sinneseindrücke nicht nur neugierig gemacht werden, sondern durch kleine Kostproben, einem Rätsel oder mit gezielter Fragetechnik in den Kochvorgang einbezogen werden. Hier kann ein Kraut oder Gewürz gezeigt, über die Zubereitung und Kombination mit anderen Lebensmitteln kurz philosophiert oder einzelne Erfahrungen ausgetauscht werden. So rückt der Hunger bei manchem Gast schon mal in den Hintergrund und kleine Wartezeiten werden geschickt überbrückt.

Fazit: Front-Cooking wirkt nicht nur verkaufsfördernd, sondern sorgt beim Mitarbeiter für die richtige Motivation, schafft effektive Kundenbindung, erzielt lukrative Deckungsbeiträge und verbessert Ihre Wirtschaftlichkeit nachhaltig. „[RAPS Ideenküche]

Teil V   Auffälligkeiten während des Simulationsdurchlaufs

1   Einschränkungen der Demoversion von Arena 9.0

Gegenüber der kommerziellen Version dürfen während eines Simulationslaufes maximal 150 Entitäten gleichzeitig im simulierten Modell vorhanden sein. Diese Beobachtung kann bei allen drei Simulationen gemacht werden, wenn die tatsächliche Anzahl an ankommenden Studenten im Create-Modul eingestellt wird und es im Simulationsmodell zu einer Vollauslastung kommt. Beim Erreichen der Anzahl von 150 Entitäten öffnet sich die folgende Fehlermeldung und weist den Benutzer darauf hin.

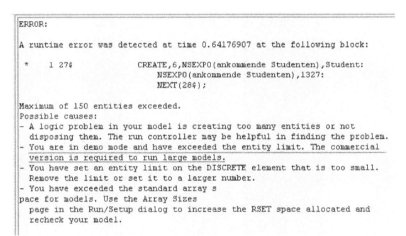

```
ERROR:

A runtime error was detected at time 0.64176907 at the following block:

 *    1 27$            CREATE,6,NSEXPO(ankommende Studenten),Student:
                       NSEXPO(ankommende Studenten),1327:
                       NEXT(28$);

Maximum of 150 entities exceeded.
Possible causes:
- A logic problem in your model is creating too many entities or not
  disposing them. The run controller may be helpful in finding the problem.
- You are in demo mode and have exceeded the entity limit. The commercial
  version is required to run large models.
- You have set an entity limit on the DISCRETE element that is too small.
  Remove the limit or set it to a larger number.
- You have exceeded the standard array s
pace for models. Use the Array Sizes
  page in the Run/Setup dialog to increase the RSET space allocated and
  recheck your model.
```

Abb. 25: Einschränkungen in der Demoversion von Arena 9.0

2 Concurrent-Process in Arena 9.0

Während der Simulation viel auf, dass die simulierten Prozesse sequentiell ablaufen. Dieser Fehler konnte jedoch nicht behoben werden. Um sicherzustellen, dass keine Unwissenheit oder Fehleinstellung in der Bedienung von Arena 9.0 vorlag, wurde im Forum für Arena-Simulation nachgefragt. (http://www.arenasimulation.com/user)

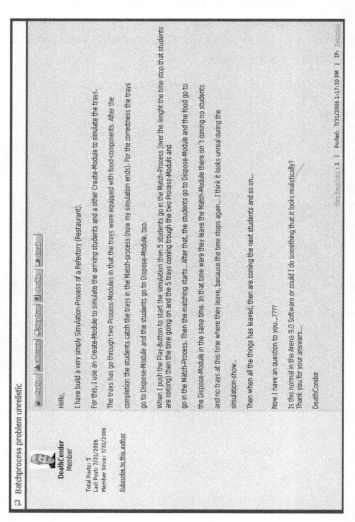

Abb. 26: Forumsanfrage an die Community

Search The Arena User Zone BBS

[Logged in as: deathcondor]

Arena Forward Visibility for Your Business™

Rockwell Automation

The Arena User Zone BBS

Home | Posted Today | Most Active | My Profile | My Subscriptions | Search | Help | Logout

Read Private Message

My Messages | My Buddy List | My Profile | Member Directory

Read a private message
The following message was sent to you by another member of this board. This message is not moderated by the operators of the bulletin board.

MESSAGE: Your Refectory-Process

Reply | Profile | Close

ArenaSpecialist
Member

Hi Deathcondor,
I work in my job with this software since 2 years and I have the same problem. In my job I simulated the Transport-Business and there is realtime very important...Yes this is one point that disturbs me a little bit. Against the unrealistic Simulation-Show you can´t do anything. This is a problem of this software... maybe I can advise you to speedup the show and you feel it more realistically.

Regards
ArenaSpecialist

Posted: 8/1/2006 7:00:49 AM

| Administration | Moderation | Contact Us | Back Home | Privacy Statement
Message forum software powered by the IdeaLab

Abb. 27: Antwort von einem Community-Mitglied

Teil VI   Reportanalysen

1   Gut & Günstig

Anhand des Reports der nach der Beendigung der Simulation von Gut & Günstig erstellt wurde, geht hervor, dass durchschnittlich 27 Studenten in der Warteschlange auf ihr Essen warten müssen (2). Dieser Warteprozess dauert durchschnittlich 0,09 Stunden (5½ Minuten) und anschließend erhalten die Studierenden ihr Essen und beenden den Prozess (1).

10:01:57   **Queues**   August 4, 2006

Gut   Replications: 1

Replication 1   Start Time: 0,00   Stop Time: 2,00   Time Units: Hours

Queue Detail Summary

Time

	Waiting Time
Essen richten Person2.Queue	0.00
Essen richten_Person1.Queue	0.00
Essenausgabe.Queue1	0.09 ◄-----(1)
Essenausgabe.Queue2	0.01

Other

	Number Waiting
Essen richten Person2.Queue	0.16
Essen richten_Person1.Queue	0.69
Essenausgabe.Queue1	27.17◄----- (2)
Essenausgabe.Queue2	1.61

Abb. 28: Report über Warteschlangensituation bei Gut & Günstig

2 Komponentenessen

Aus dem Report (s. Abb. 29) geht hervor, dass ein Studierender für die Zusammenstellung aller Essenskomponenten (1) 0,13 Stunden (7,8 Minuten) benötigt, um den Prozess Komponentenzusammenstellung zu beenden. Wie in der Simulation zu sehen ist, bildet sich die größte Warteschlange an der Hauptkomponente aus. In dieser Schlage warten durchschnittlich 12 Mensagäste auf ihr Essen (2) (s. Abb. 30).

10:52:05   **Processes**   August 4, 2006

Komponentenessen   Replications: 1

Replication 1   Start Time: 0,00   Stop Time: 0,27   Time Units: Hours

Process Detail Summary

Time per Entity

	Total Time	VA Time	Wait Time
Dessert	0,00	0,00	0,00
Komponente1	0,04	0,00	0,04
komponente2	0,00	0,00	0,00
Salat	0,00	0,00	0,00

Accumulated Time

	VA Time	Wait Time	
Dessert	0,03	0,00	
Komponente1	0,09	1,30	(1)
komponente2	0,08	0,00	
Salat	0,01	0,00	

Other

	Number In	Number Out
Dessert	14,00	14,00
Komponente1	75,00	38,00
komponente2	38,00	37,00
Salat	7,00	6,00

Abb. 29: Report über Wartezeiten beim Komponentenessen

11:00:45   **Queues**   August 4, 2006

Komponentenessen   Replications: 1

Replication 1   Start Time: 0,00   Stop Time: 0,27   Time Units: Hours

Queue Detail Summary

Time

	Waiting Time
Komponente1.Queue	0.04
komponente2.Queue	0.00

Other

	Number Waiting	
Komponente1.Queue	12.02	(2)
komponente2.Queue	0.00	

Abb. 30: Report über Warteschlangensituation beim Komponentenessen

3 Neue Mensa

Wie anhand der nachfolgenden Statistik zu sehen ist, wird ein Studierender in der neuen Mensa für die gleiche Zusammenstellung von Essen1 (Essen1 + Beilage + Salat + Dessert) 0,31 Stunden (18,6 Minuten) benötigen. Diese Essenszusammenstellung entspricht exakt dem Prozess der Essenskomponentenzusammenstellung, wie in der alten Mensa.

Accumulated Time

	VA Time	Wait Time
Beilage Essen1	0,03 ◄------	0,00
Beilage Essen2	0,03	0,00
Beilage GG	0,13	0,00
BeilageVegetari	0,04	0,00
Buffet Salat	0,07 ◄------	0,01
Dessert	0,10 ◄------	0,02
Essen1	0,11 ◄------	0,08
Essen2	0,08	0,01
Getraenk	0,09	0,01
Gut und	0,17	0,29
Kasse1 mit	0,18	0,14
Kasse2 mit	0,13	0,05
Kasse3	0,17	0,16
Kasse4	0,17	0,15
Pfannengericht	0,24	1,29
Suppe	0,10	0,02
Vegetarisch	0,12	0,09
WOKGericht	0,24	0,61

Abb. 31: Report über Wartezeiten bei den einzelnen Komponenten in der neuen Mensa

4 Fazit

Wenn man die Dauer der Komponentenessenszusammenstellung in der alten mit der in der neuen Mensa vergleicht, so kommt man zu folgendem Ergebnis:

18,6 Minuten – 7,8 Minuten = **10,8 Minuten**

Dieses Ergebnis bedeutet für die Mensagäste der neuen Mensa, dass die Zusammenstellung Ihrer Komponenten 10,8 Minuten länger andauern wird als gewöhnlich in der alten Mensa. Diese Zeitspanne wird aber nicht von der längeren Komponentenzusammenstellung in Anspruch genommen, sondern durch die sich viel größer ausbildenden Warteschlangen, die entstehen werden. Das bedeutet für alle Mensagäste „längeres Schlange stehen".

Dieses Ziel wurde vom Mensabetreiber mit größter Wahrscheinlichkeit durch den Neubau der „neuen Mensa" nicht gewünscht. Der Fehler basiert eher auf der Fehlstrategie der Inneneinrichter, die ein falsches Konzept entwickelt haben, das nicht zum Ziel hat

„intelligenter Schlange stehen", sondern viel mehr „unintelligenter Schlange stehen mit zusätzlichem Chaos" (s. Abb. 24).

Teil VII   Inhalte der ScreenCam-Videos

Für diese Fallstudie wurden 3 ScreenCapture-Videos angelegt, die die beschriebenen Prozesse noch einmal verdeutlichen Sollen. Zur Aufnahme der Videos wurde das Programm HyperCam2 eingesetzt, das die Videos im AVI-Format aufgezeichnet hat.

ScreenCapture Video 1:

Gut & Günstig   (Dauer 0:21 Minuten)   Simulationslauf des Gut & Günstig
Mensaprozesses
(Teil III Abschnitt 4)

ScreenCapture Video 2:

Komponentenessen (Dauer 1:52 Minuten)   Simulationslauf des
Komponentenessens
Mensaprozesses (Teil III Abs. 5)
mit anschließender Fehlermeldung
(Teil V Abschnitt 1)

ScreenCapture Video 3:

Neue Mensa   (Dauer 4:07 Minuten)   Simulationslauf des neuen Mensa
Ablaufs (Teil IV Abschnitt 2)
mit anschließender Fehlermeldung
(Teil V Abschnitt 1)

Teil VIII   Der Fragenkatalog

(1)   **Erläutern Sie bitte kurz die Vorteile einer Simulationssoftware**
Mit einer Simulationssoftware lassen sich Vorgänge aus der Realwelt auf ein Simulationsmodell im Rechner abbilden. Mit diesem Modell können dann anders als in der realen Welt Experimente durchgeführt werden, ohne dass es zu irgendwelchen Kostenschäden bzw. Produktionsausfällen kommt.

(2)   **Nenne Sie Anwendungsgebiete für Arena?**
Entwurf und Analyse von Herstellungssystemen, Ermitteln der Hard- und Softwareanforderungen für ein Computersystem, Analyse von Finanz- und Wirtschaftssystemen oder die Ermittlung des optimalen Aufbaus von Servicesystemen, wie z.B. der Mensa-Prozess.

(3)   **Was ist bei großen Simulationen mit vielen Entitäten in der Demoversion von Arena 9.0 zu beachten?**
Wenn die Demoversion von Arena eingesetzt wird, ist diese bis 150 Entitäten begrenzt und es tritt ein Fehler auf. Zur kompletten Simulation wird die Vollversion benötigt.

(4)   **Nennen Sie Initialeinstellungen, welche im Create-Modul definiert werden?**
Feste Anzahl und der Intervall, der ankommenden Studenten in die Warteschlange

(5)   **Welche Einstellung muss im Create-Module vorgenommen werden, wenn die Simulation mit geplanten Ankünften der Entitäten erfolgen soll?**
Das Create-Module muss vom Type Schedule sein und es muss ein Schedule Name definiert werden, um einen geplanten Ablauf überhaupt konfigurieren zu können. Die tatsächliche Konfiguration erfolgt dann in der Benutzerleiste unter Edit → Calendar Schedules.

(6)   **Was ist bei der Konfiguration zu beachten?**
Unter den Menübaum Time Patterns findet man den im Create-Module angelegten Schedule Name wieder. Nach dem Auffinden ist dabei zu beachten, dass dieser markiert wird, um auch genau diesen Baum mit Ankunftszeiten zu initialisieren.

(7)   **Wozu dient ein „Match-Flowchart"-Modul?**
Unter Zuhilfenahme dieses Moduls kann eine Zusammenführung zwischen unterschiedlichen Prozessen erfolgen. Ein solches Modul ist ausgelegt für die Zusammenführung von 2 bis max. 5 Prozessen.

(8)   **Bitte erläutern Sie kurz wo das „Match-Flowchart"-Modul im Menübaum von Arena auffindbar ist**
Damit die Aufnahme eines Match-Moduls in die Prozesskette möglich ist, muss das zusätzliche Standard-Attachment „AdvancedProcess.tpo" zu den Funktionen miteingebunden werden.

(9)   **Warum wählt der Studierende im Simulationsmodell Gut & Günstig einen anderen Weg wie das Essen, um den Vorgang zu beenden?**
Die Prozessbeendigung sieht zwar nicht real aus, muss aber so modelliert werden, da auch zwei Create-Module vorhanden sind. Diese beiden Create-Module liefern jeweils unterschiedlichen Prozessinput, der auch wieder durch zwei unterschiedliche Dispose-Module beendet werden muss.

(10) **Nennen Sie bitte 4 wichtige Merkmale, die aus den Vor-Ort-Erhebungen hervorgehen und von entscheidender Bedeutung für das Simulationsmodell sind**
1. *Die Dauer, die das Küchenpersonal für die Zusammenstellung des Essens benötigt*
2. *Höhe der Studierendenanzahl zu bestimmten Zeitpunkten und in welcher Schlange sie stehen*
3. *Durchschnittliche Wartezeiten pro Studierendem in der entsprechenden Warteschlange*
4. *Die Studierenden kommen nicht in Form eines konstanten Streams bzw. immer nur alleine, sondern eher in unregelmäßigen Pulks*

(11) **Was wird benötigt, um von einer ungenauen Vor-Ort-Erhebung auf eine reelle Hochrechnung zu gelangen?**
Es wird generell ein Mengengerüst benötigt, das wie in dieser Arbeit vom Mensabetreiber bereitgestellt wurde. Dieser hat das Mengengerüst durch die Registrierkasse erstellt.

(12) **Was ist bei der Hochrechnung zu beachten?**
Zunächst sollte ein Verhältnis auf eine Person berechnet werden, das wie in dieser Arbeit zu einem Studierendenfaktor führt.

$$Studierendenfaktor = \frac{Gesamtzahl\_an\_Mensabesucher\_lt.\_Mengengerüst}{Gesamtzahl\_an\_Mensabesucher\_lt.\_Erhebungsbogen}$$

(13) **Warum kann davon ausgegangen werden, dass beim Simulationsmodell Gut & Günstig bei der Essensausgabe eine Warteschlange entsteht?**
Der Grund liegt hierin begründet, dass dort ein Flaschenhals entsteht und dieser zu der Ausprägung einer Warteschlange führen muss

(14) **Wenn man das Simulationsmodell Komponentenessen ansieht, kann man sich eine Vorstellung vom neuen Mensaprozess bilden. Ab welchem Modul ist das möglich?**
Ab dem ersten Entscheidungsmodul, in dem der Gast die Wahl hat um den Vorgang zu beenden oder weitere Komponenten zu wählen. In Zukunft wird der Ablauf in der neuen Mensa nur noch auf Entscheidungen des Gastes basieren.

(15) **Was geschieht bei der Verteilungsrechnung?**
Durch die Verteilungsrechnung werden von einer kompletten Menge (z.B. alle Mensagäste) auf eine sehr exakte Art und Weise auf einen bestimmten prozentualen Anteil an Mensagästen zugehörige Teilmengen berechnet

(16) **Warum wird im neuen Mensaprozess das Komponentenessen prozentual unterteil?**
Die Studenten müssen innerhalb des Komponentenessens erneut eine Wahl zwischen Geflügel, Fleisch oder vegetarisch tätigen. Um diese Wahl im Entscheidungsmodul darstellen zu können wird es mit den berechneten Prozentwerten belegt.

(17) **Aus welchem Grund befindet sich vor den vier Kassen im neuen Mensaprozess ein Entscheidungsmodul?**
Der Mensagast muss hier erneut wählen für welche Bezahlmethode er sich entscheiden möchte. An Kasse 3 u. 4 kann er mit Chipkarte und Bargeld bezahlen und an den Kassen 1 u. 2 ausschließlich mit Chipkarte

(18) **Im neuen Mensa Prozess wird es aller Voraussicht nach zu einer Kneul-Bildung kommen. Warum kann dies nicht in Arena abgebildet werden?**
Die Software Arena lässt nur gerade Abläufe aus bzw. Einläufe in die Module zu. Daher kann keine gegenläufige Bewegung stattfinden und es auch nicht zu einer Kneul-Bildung kommen.

(19) **Nennen Sie bitte eine Möglichkeit, wie sich die Kneul-Bildung und das damit verbundenen Chaos vermeiden lassen könnte**
Das entstehende Chaos könnte dadurch vermieden werden, wenn man gerade Abläufe schaffen würde. D.h. der Kunde holt seine Hauptkomponente und Sättigungsbeilage und im weiteren Verlauf der Warteschlange seine weiteren Komponenten, wie z.B. Suppe, Salat, Dessert und Getränk. Die Warteschlange müsste in eine Kasse führen in der der Gast sein Essen bezahlen kann.

(20) **Warum ist im neuen Mensa Prozess eine Warteschlangenausbildung an allen Essenstheken zu beobachten?**
Die Essenszusammenstellung basiert auf einer Komponentenauswahl und somit bilden sich vor allen zur Verfügung stehenden Front Cooking Theken Warteschlangen.

(21) **In der Fallstudie ist ständig die Rede vom Ist- bzw. Soll-Zustand. Bitte erläutern Sie diese beiden Zustände**
Der Ist-Zustand ist der momentane Zustand wie die Abläufe zum jetzigen Zeitpunkt sind. Der Soll-Zustand, wie schon der Name sag liegt in der Zukunft und beschreibt den Zustand wie er einmal sein soll.

(22) **Warum wird beim Komponentenessen aus der Statistik nur der Wert 7,8 Minuten pro Essen ermittelt und nicht 12,6 Minuten?**
Die 7,8 Minuten werden aus der Stundenzahl 0,13 ermittelt und die Minutenzahl 12,6 wird aus der Stundenzahl 0,21 ermittelt. Bei der Kalkulation ist darauf zu achten, dass nur eine Hauptkomponente zeitlich berechnet wird, weil jeder Studierende sich auch nur für eine Hauptkomponente entscheiden wird.

Teil XI Glossar

[1] Front Cooking ist eine Bezeichnung für das Kochen vor dem Gast. Der Koch kocht das Gericht unmittelbar vor dem Gast, entweder mit frischen oder mit bereits vorgefertigten Zutaten. Dies kann auch durch die Verwendung von Convenience-Produkten erfolgen. Teilweise wird auch nur vor dem Gast erwärmt, dies hat aber nur sehr wenig mit Front Cooking zu tun. Eine besondere Ausbildung ist für diese Tätigkeit nicht notwendig. Entscheidend ist die Kommunikation mit dem Gast.
[Quelle: Wikipedia]

Teil X   Abbildungsverzeichnis

Teil XI   Bibliografie

[UniSPIEGEL 2005]   Mersch Britta: Intelligenter Schlange stehen, UniSPIEGEL,
http://www.spiegel.de/unispiegel/wunderbar/
0,1518,356679,00.html, 02. Juni 2005, SPIEGEL ONLINE
(15. März 2006) 4

[RAPS Ideenküche]   Die kreative Convenience Küche, RAPS Ideenküche,
http://www.raps.de/gv/
konzepte_convenience_frontcooking.php,
(28. Juli 2006) 34

[Wikipedia]   Front Cooking, Wikipedia,
http://de.wikipedia.org/wiki/Front_Cooking, 11. Mai 2006,
Kategorie Gastronomie
(26. Juli 2006) 42

WUSKAR
Werkstatt Unternehmenssoftware Karlsruhe

Teil XII   Appendix

1   Vor-Ort-Erhebungen im Zeitraum vom 06.07.2006 bis 12.07.2006

Erhebungsbogen vom Do, 06.07.2006

Uhrzeit	Menge an Personen in Warteschlange		Dauer zum Wegnehmen		Wieviele Essen pro Minute ausgegeben	Durchschnittliche Wartezeit		Gut & Günstig zusammen richten		Gut & Günstig Nachschubdauer		
	Gut & Günstig	Normal	Gut & Günstig	Normal	Gut & Günstig	Gut & Günstig	Normal	Person1	Person2	Kroketten	Salat	Gulasch
12:00	3	12	3-5 Sek	01:10	3	00:12	01:28	3-5 Sek	5-8 Sek	3Min		
12:10	16	2	3-5 Sek	02:08	9	00:30	00:20	3-5 Sek	5-8 Sek		1Min	
12:20	7	2	3-5 Sek	00:50	7	00:08	00:18	3-5 Sek	5-8 Sek			
12:30	2	14	3-5 Sek	01:30	2	00:08	01:00	3-5 Sek	5-8 Sek			30s
12:40	3	0	3-5 Sek	00:00	3	00:20	00:00	3-5 Sek	5-8 Sek			
12:50	19	2	3-5 Sek	01:00	10	00:30	00:10	3-5 Sek	5-8 Sek			
13:00	3	0	2-8 Sek	00:00	3	00:07	00:00	3-5 Sek	5-8 Sek	2Min		
13:10	7	0	3-6 Sek	00:00	7	00:09	00:00	3-5 Sek	5-8 Sek			
13:20	14	1	3-5 Sek	00:30	9	00:25	00:00	3-5 Sek	5-8 Sek			
13:30	5	7	3-4 Sek	00:40	5	00:10	00:48	3-5 Sek	5-8 Sek		1Min48s	50s
13:40	0	8	-	00:30	-	00:00	00:15	3-5 Sek	5-8 Sek			
13:50	0	2	-	00:18	-	00:00	00:15	3-5 Sek	5-8 Sek			
14:00	1	3	3 Sek	00:25	1	00:00	00:24	3-5 Sek	5-8 Sek			

Vom Essen nehmen (z.B. Tortelli) +
Salat holen u evtl. noch Dessert **
von einer beobachteten Person ***

Minuten : Sek

Dauer bis Bedienvorgang beginnt

Kroketten aufladen
Gulasch u .Salat aufladen

Person1
Person2

Erhebungsbogen vom Fr. 07.07.2006

Uhrzeit	Menge an Personen in Warteschlange Gut & Günstig	Menge an Personen in Warteschlange Normal	Dauer zum Wegnehmen Gut & Günstig	Dauer zum Wegnehmen Normal	Wieviele Essen pro Minute ausgegeben Gut & Günstig	Durchschnittliche Wartezeit Gut & Günstig	Durchschnittliche Wartezeit Normal	Gut & Günstig zusammen richten Person1	Gut & Günstig zusammen richten Person2	Nachschubdauer Spaghetti	Nachschubdauer Salat	Nachschubdauer Dessert	Hauptkomponente (nehmen) Zeiten
12:00	12	0	4-6 Sek	00:00	8	00:30	00:00	8-10 Sek	10-12 Sek		2Min18s		17 Sek
12:10	6	5	3-5 Sek	01:08	6	00:25	00:50	8-10 Sek	10-12 Sek				15 Sek
12:20	2	2	3-5 Sek	01:00	2	00:12	00:20	8-10 Sek	10-12 Sek	1Min41s			25 Sek
12:30	4	7	4-5 Sek	01:12	4	00:19	00:42	8-10 Sek	10-12 Sek				22 Sek
12:40	3	16	3-5 Sek	01:30	3	00:15	01:10	8-10 Sek	10-12 Sek			2Min38s	14 Sek
12:50	4	1	3-6 Sek	01:03	4	00:24	00:30	8-10 Sek	10-12 Sek				16 Sek
13:00	6	2	3-6 Sek	00:50	6	00:22	01:26	8-10 Sek	10-12 Sek				17 Sek
13:10	3	2	3-6 Sek	00:43	3	00:17	00:40	8-10 Sek	10-12 Sek	1Min10s	1Min50s		21 Sek
13:20	1	10	3-6 Sek	01:18	1	00:08	00:58	8-10 Sek	10-12 Sek				29 Sek
13:30	5	6	3-6 Sek	01:04	5	00:16	00:37	8-10 Sek	10-12 Sek				16 Sek
13:40	3	0	5-8 Sek	00:00	3	00:12	00:00	8-10 Sek	10-12 Sek				19 Sek
13:50	0	4	0 Sek	00:58	0	00:00	01:02	8-10 Sek	10-12 Sek				17 Sek
14:00	1	0	3-6 Sek	00:00	1	00:08	00:00	8-10 Sek	10-12 Sek				21 Sek

Weitere Zeiten (Hauptkomponente nehmen): 18 Sek, 27 Sek, 21 Sek, 17 Sek, 21 Sek, 19 Sek, 16 Sek, 26 Sek, 19 Sek, 20 Sek

Vom Essen nehmen (z.B. Tortelli) +
Salat holen u evtl. noch Dessert
** von einer beobachteten Person **

Minuten : Sek

Dauer bis Bedienvorgang beginnt

Person1 → Salat + Dessert
Person2 → Spagetti + SoBe + Reibkäse

► ►I \ Tabelle1 / Tabelle2 / Tabelle3 /

WUSKAR — Werkstatt Unternehmenssoftware Karlsruhe

Erhebungsbogen vom Mo. 10.07.2006

Uhrzeit	Menge an Personen in Warteschlange Gut & Günstig	Normal	Dauer zum Wegnehmen Gut & Günstig	Normal	Wieviele Essen pro Minute ausgegeben Gut & Günstig	Durchschnittliche Wartezeit Gut & Günstig	Normal	Gut & Günstig zusammen richten Person1	Person2	Gut & Günstig Nachschubdauer Käsespätzle	Salat	Dessert	Teilkomponente (nehmen) z.B. Gemüse Zeiten
12:00	2	0	3-5 Sek	-	2	00:13	-	4 Sek	4 Sek				4 Sek
12:10	16	6	3-5 Sek	00:30	7	00:15	00:28	4 Sek	4 Sek				7 Sek
12:20	22	5	3-5 Sek	00:46	9	00:42	00:50	4 Sek	4 Sek	1Min18s	48s		5 Sek
12:30	18	12	4-6 Sek	01:01	8	00:32	00:44	4 Sek	4 Sek				6 Sek
12:40	6	3	3-5 Sek	00:39	6	00:17	00:37	4 Sek	4 Sek				4 Sek
12:50	3	5	3-5 Sek	00:46	3	00:15	00:46	4 Sek	4 Sek			58s	10 Sek
13:00	1	12	3-5 Sek	00:36	1	00:08	00:49	4 Sek	4 Sek	1Min56s			8 Sek
13:10	17	2	3-5 Sek	00:41	9	00:32	00:32	4 Sek	4 Sek		2Min32s		7 Sek
13:20	4	1	3-5 Sek	00:34	4	00:19	00:22	4 Sek	4 Sek				8 Sek
13:30	23	4	3-5 Sek	00:58	9	01:17	00:39	4 Sek	4 Sek			1Min8s	6 Sek
13:40	0	2	-	00:31	-	-	00:24	-	-				4 Sek
13:50	1	1	3-5 Sek	00:25	1	00:08	00:12	4 Sek	4 Sek	47s			8 Sek
14:00	0	1	-	00:29	-	-	00:14	-	-				5 Sek

Weitere Zeiten (Teilkomponente): 9 Sek, 7 Sek, 7 Sek, 5 Sek, 7 Sek, 9 Sek, 6 Sek, 9 Sek, 5 Sek

Minuten : Sek

* Vom Essen nehmen (z.B. Tortelli) + Salat holen u evtl. noch Dessert
** von einer beobachteten Person

← Dauer bis Bedienvorgang beginnt →

Person1 Salat, Dessert
Person2 Käsespätzle

Erhebungsbogen vom Di, 11.07.2006

Uhrzeit	Menge an Personen in Warteschlange		Dauer zum Wegnehmen		Wieviele Essen pro Minute ausgegeben	Durchschnittliche Wartezeit		Gut & Günstig zusammen richten		Gut & Günstig Nachschubdauer			Teilkomponente (nehmen) Salat
	Gut & Günstig	Normal	Gut & Günstig	Normal	Gut & Günstig	Gut & Günstig	Normal	Person1	Person2	Bauerns.	Salat	Dessert	Zeiten
12:00	15	0	3-5 Sek	-	12	00:40	-	2 Sek	3 Sek				6 Sek
12:10	12	7	3-5 Sek	00:50	12	00:43	00:31	3 Sek	3 Sek				8 Sek
12:20	4	4	3-5 Sek	00:37	4	00:23	00:32	2 Sek	3 Sek		48s		7 Sek
12:30	14	16	3-5 Sek	00:38	11	00:49	01:03	2 Sek	3 Sek			58s	5 Sek
12:40	2	6	3-5 Sek	00:49	2	00:14	00:27	2 Sek	3 Sek				6 Sek
12:50	0	13	-	00:41	-	-	02:03	-	-	1Min41s			6 Sek
13:00	4	2	3-5 Sek	00:46	4	00:22	00:14	3 Sek	3 Sek				5 Sek
13:10	0	6	-	00:38	-	-	00:37	-	-				7 Sek
13:20	6	0	3-5 Sek	-	6	00:34	-	3 Sek	3 Sek		1Min17s		6 Sek
13:30	2	0	3-5 Sek	-	2	00:13	-	2 Sek	3 Sek				8 Sek
13:40	1	1	3-5 Sek	00:33	1	00:10	00:12	2 Sek	3 Sek	39s		1Min21s	7 Sek
13:50	0	4	-	00:40	-	-	00:18	-	-				7 Sek
14:00	0	0	-	-	-	-	-	-	-				6 Sek
													7 Sek
													6 Sek
													5 Sek
													7 Sek
													6 Sek
													7 Sek
													7 Sek
													6 Sek
													9 Sek

Vom Essen nehmen (z.B. Tortelli) +
Salat holen u evtl. noch Dessert **
** von einer beobachteten Person **

Minuten : Sek

Dauer bis Bedienvorgang beginnt

Person1 — Salat, Dessert
Person2 — Bauernschmaus

Erhebungsbogen vom Mi, 12.07.2006

Uhrzeit	Menge an Personen in Warteschlange Gut & Günstig	Normal	Dauer zum Wegnehmen Gut & Günstig	Normal	Wieviele Essen pro Minute ausgegeben Gut & Günstig	Durchschnittliche Wartezeit Gut & Günstig	Normal	Gut & Günstig zusammen richten Person1	Person2	Gut & Günstig Nachschubdauer Bratwurst	K-Salat	Dessert	Teilkomponente (nehmen) Nudel Zeiten
12:00	0	10	-	01:29	-		00:50	-	-				5 Sek
12:10	12	18	3-5 Sek	00:38	7	00:36	02:40	3-4 Sek	4-5 Sek				4 Sek
12:20	9	38	3-5 Sek	00:54	9	00:39	05:19	3 Sek	3 Sek				5 Sek
12:30	2	14	3-5 Sek	01:49	2	00:17	01:37	3 Sek	3 Sek		52s		6 Sek
12:40	9	8	4-6 Sek	00:42	9	00:32	00:53	3-4 Sek	3 Sek	1Min18s			4 Sek
12:50	1	12	3 Sek	00:56	1	00:19	00:38	3 Sek	3 Sek			1Min	5 Sek
13:00	0	8	-	00:32	-	-	00:46	-	-				7 Sek
13:10	2	15	3 Sek	01:03	2	00:21	01:16	4 Sek	4 Sek				5 Sek
13:20	0	4	-	00:28	-	-	00:37	-	-				6 Sek
13:30	0	14	-	00:49	-	-	01:27	-	-				5 Sek
13:40	1	8	3 Sek	00:39	1	00:17	00:48	3 Sek	5 Sek				4 Sek
13:50	0	9	-	00:54	-	-	00:51	-	-				20 Sek
14:00	2	6	3-4 Sek	00:31	2	00:18	00:35	3 Sek	3 Sek				7 Sek
													6 Sek
													5 Sek
													6 Sek
													4 Sek
													4 Sek
													5 Sek
													4 Sek
													6 Sek
													7 Sek

Vom Essen nehmen (z.B. Tortelli) + Salat holen u evtl. noch Dessert ** von einer beobachteten Person **

Minuten : Sek

Dauer bis Bedienvorgang beginnt

Person1   Kartoffelsalat, Dessert
Person2   Bratwurst, Senf

2   Mengengerüst (Komponentenessen) im Zeitraum vom 07.11. bis 11.11.2005

Anzahl Gäste pro /h

Filter: 6 Essenzahl./WG 500..998

Von 7.11.2005 Bis 11.11.2005   Seite: 1

Zeitraum		Brutto (EUR)	Gäste
Kasse	**6201 Mensa II 6201 (bei der Treppe)**		
Tagesabschluß 2005.11.07 Montag			
05.11.07/11:00		47,52	19
05.11.07/12:00		452,99	167
05.11.07/13:00		772,84	298
Gesamt	Montag	1.273,35	484
Tagesabschluß 2005.11.08 Dienstag			
05.11.08/11:00		107,16	42
05.11.08/12:00		642,57	238
05.11.08/13:00		618,71	249
Gesamt	Dienstag	1.368,44	529
Tagesabschluß 2005.11.09 Mittwoch			
05.11.09/11:00		321,38	119
05.11.09/12:00		730,21	261
05.11.09/13:00		292,72	99
Gesamt	Mittwoch	1.344,31	479
Tagesabschluß 2005.11.10 Donnerstag			
05.11.10/11:00		151,80	61
05.11.10/12:00		688,91	229
05.11.10/13:00		489,90	183
Gesamt	Donnerstag	1.330,61	473
Tagesabschluß 2005.11.11 Freitag			
05.11.11/13:00		87,09	28
Gesamt	Freitag	87,09	28
Gesamt	**Mensa II 6201 (bei**	**5.403,80**	**1993**

3 Mengengerüst (Gut & Günstig) im Zeitraum vom 07.11.2005 bis 11.11.2005

Kasse	6202 Mensa II 6202		
Tagesabschluß 2005.11.07 Montag			
05.11.07/11:00		0,75	1
05.11.07/12:00		502,73	202
05.11.07/13:00		575,04	223
05.11.07/14:00		619,08	258
Gesamt	Montag	1.697,60	684
Tagesabschluß 2005.11.08 Dienstag			
05.11.08/12:00		407,80	177
05.11.08/13:00		753,50	327
05.11.08/14:00		673,31	245
Gesamt	Dienstag	1.834,61	749
Tagesabschluß 2005.11.09 Mittwoch			
05.11.09/12:00		656,49	254
05.11.09/13:00		631,70	234
05.11.09/14:00		658,49	246
Gesamt	Mittwoch	1.946,68	734
Tagesabschluß 2005.11.10 Donnerstag			
05.11.10/12:00		514,68	218
05.11.10/13:00		637,66	244
05.11.10/14:00		607,07	267
Gesamt	Donnerstag	1.759,41	729
Tagesabschluß 2005.11.11 Freitag			
05.11.11/12:00		435,35	156
05.11.11/13:00		991,77	322
05.11.11/14:00		424,03	152
Gesamt	Freitag	1.851,15	630
Gesamt	Mensa II 6202	9.089,45	3526
Gesamt		14.493,25	5519

4 Simulationsmodell der neuen Mensa

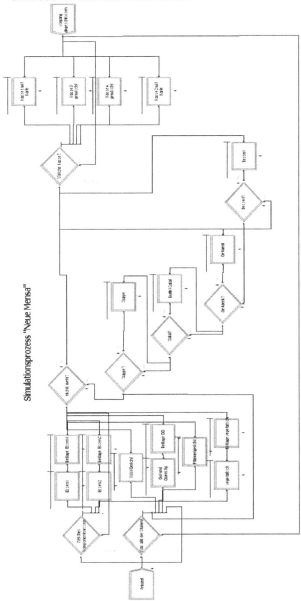